INTRODUZIONE

Questo libro è pieno di pagine vuote. Nonostante anni e anni di ricerche, non abbiamo trovato nulla da dire su questo argomento, quindi per favore sentitevi liberi di usare questo libro per gli appunti o come diario personale.

Printed by Amazon Italia Logistica S.r.l.
Torrazza Piemonte (TO), Italy

55409075R00058